Cuentos de hadas clásicos con un giro

Jack y el bambú mágico

Escrito por Shannon Anderson

Ilustrado por Gal Weizman

Traducción de Pablo de la Vega

Un Libro de la Sirena

SEAHORSE PUBLISHING

Había una vez un niño llamado Jack que vivía con su mamá en una casa de campo pequeñita. No tenían mucho dinero y vivían de los huevos que ponían sus gallinas y la leche que les daba su vaca.

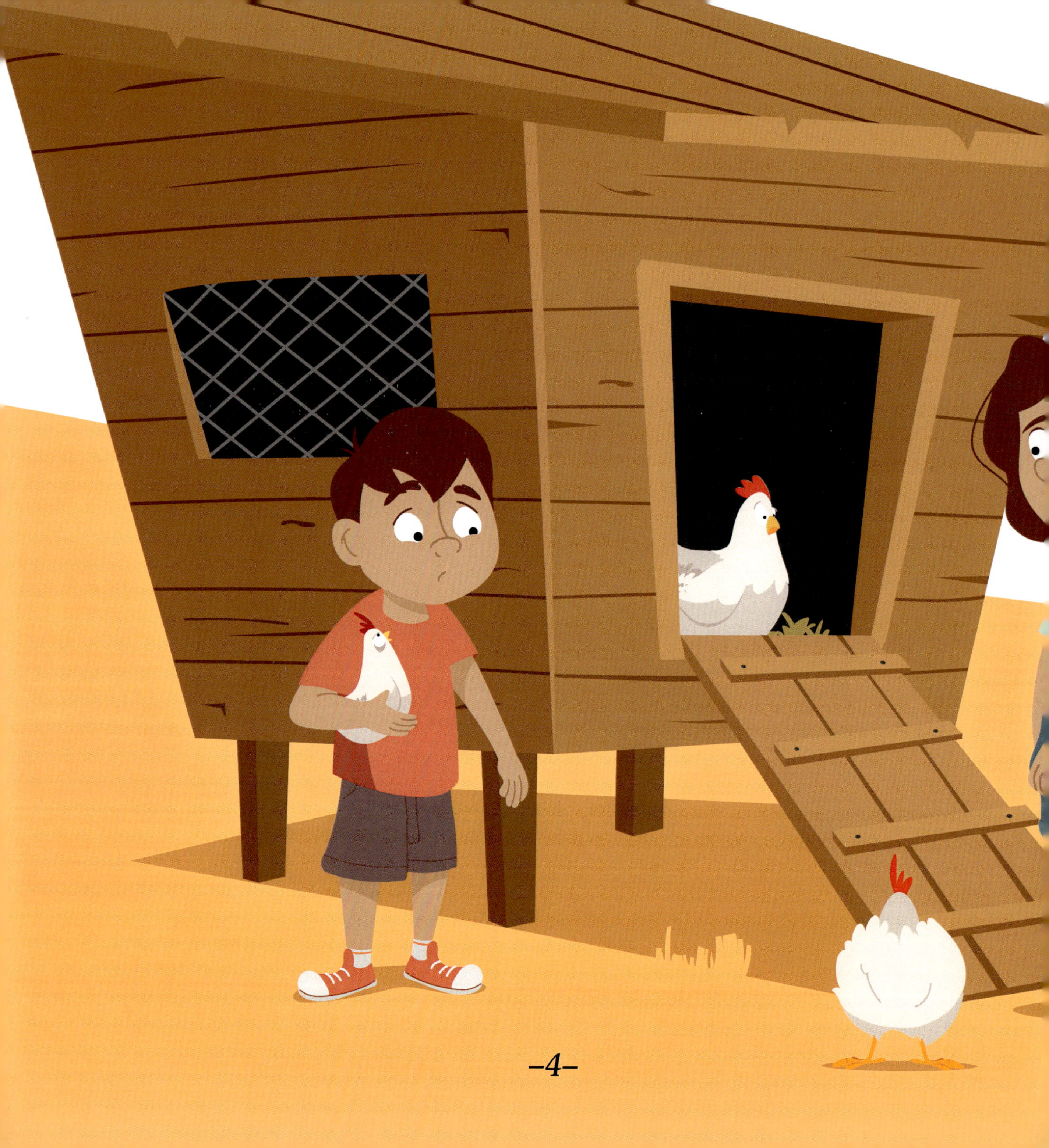

Un día, sus gallinas dejaron de poner huevos. Quizá era porque Jack y su mamá no tenían dinero para comprarles comida suficiente. La mamá de Jack estaba muy preocupada. No podrían vivir sólo de leche. Entonces, le pidió a Jack que fuera al mercado y tratara de obtener algo a cambio de las gallinas.

Jack metió a las gallinas en una jaula y se dirigió al pueblo.

Cuando Jack llegó al mercado, preguntó a mucha gente qué le darían a cambio de sus gallinas. Una granjera muy amable se apiadó de él. Se daba cuenta de que estaba hambriento. En el pasado, ella había vivido en la pobreza y no podía ver a un niño con hambre y no hacer nada al respecto. La mujer le dio un sistema hidropónico a cambio de las gallinas, para que pudiera cultivar comida.

Le explicó que un sistema hidropónico es una especie de contenedor de agua con unas luces especiales. Las plantas crecen más rápido en él que en la tierra y con la luz del Sol.

—También puedes cultivar todo el año porque la plantas están dentro —dijo la granjera.

Cuando Jack regresó a casa, a su mamá le entusiasmó el sistema hidropónico. Le pareció una muy buena idea para mejorar su situación. Pero... necesitaban semillas para poder cultivar. Como no podían deshacerse de la vaca, Jack fue a la casa del vecino a preguntar si tenía algo de trabajo para él.

El vecino de Jack le pidió que cortara el césped a cambio de un paquete de semillas y un poco de fertilizante. El problema era que no sabía de qué eran las semillas. ¿Serían de sandía? ¿Maíz? ¿Arándanos azules? Sólo el tiempo lo diría.

Colocó las semillas en las macetas de cultivo y encendió las luces.

Jack y su mamá tenían cada vez más hambre. Vivieron bebiendo sólo leche por unos días antes de notar algunos brotes en las macetas.

Un día, cuando Jack despertó, el sistema hidropónico estaba lleno de bambúes. ¡Pero lo más sorprendente de todo era que una de las plantas de bambú llegaba hasta el cielo!

Jack no esperó a que su mamá despertara. Escaló por el bambú para ver qué tan alto era. Escaló y escaló y escaló hasta llegar a las nubes.

Allí se encontró con un camino de grava que lo llevó a una gigantesca casa de piedra. Jack corrió por el camino hasta llegar a la casa.

Cuando llegó a la casa, Jack escuchó a alguien cantando:

—¡Fi, fi, fai, fai, fo, fo, fum! ¡Me voy a comer un rico helado! ¡Fi, fi, fai, fai, fo, fo, fum! ¡Me como un enorme cono!

Jack vio a un niño gigante comiéndose un helado. Se veía delicioso, pero lo que realmente llamó su atención fue una gallina gigante. Esa enorme ave seguramente ponía huevos muy grandes con los que su mamá y él podrían preparar comidas muy abundantes. Nunca tendrían hambre si esa gallina estuviera con ellos.

Jack se acercó a la gallina. Era extraño ver a un niño tan pequeño. La gallina comenzó a brincar como si fuera un perro feliz. Jack acarició las plumas de la gallina. Luego, se montó en ella y la dirigió por el camino de grava hacia la planta de bambú.

La gallina descendió con Jack por la planta de bambú. Cuando la mamá de Jack despertó, pensó que seguía soñando. Vio por la ventana a Jack con una enorme ave. Empujaba un huevo del tamaño de una pelota de básquetbol hacia la puerta principal.

Jack le contó a su mamá lo que había sucedido, y ella sacó su sartén más grande mientras Jack cortaba la planta de bambú para que el gigante no pudiera bajar por ella y recuperar su gallina.

Desde ese día, Jack y su mamá tuvieron mucha comida. Incluso tuvieron huevos suficientes para llevar al mercado e intercambiarlos por todo tipo de semillas para su sistema hidropónico. Jack y su gallina se hicieron amigos, y todos vivieron felices para siempre.

Escrito por Shannon Anderson
Traducción de Pablo de la Vega
Ilustrado por Gal Weizman
Diseño de Under the Oaks Media
Desarrollo de la serie de James Earley
Editora Erica Ellis

Library of Congress PCN Data
Jack y el bambú mágico / Shannon Anderson
Cuentos de hadas clásicos con un giro
ISBN 979-8-8904-2582-9 (hard cover)
ISBN 979-8-8904-2856-1 (paperback)
ISBN 979-8-8904-2880-6 (EPUB)
ISBN 979-8-8904-2868-4 (eBook)
Library of Congress Control Number: 2024933141

Printed in Canada/012025/CP20250101

Seahorse Publishing Company
www.seahorsepub.com

Published in the United States
Seahorse Publishing
PO Box 771325
Coral Springs, FL 33077

SEAHORSE PUBLISHING